DU DÉCRET DU 24 NOVEMBRE 1860

OU

DE LA RÉFORME

DE LA CONSTITUTION DE 1852.

CORBEIL, typ. et stér. de CRÉTÉ.

DU

DÉCRET DU 24 NOVEMBRE 1860

OU

DE LA RÉFORME

DE LA CONSTITUTION DE 1852

PAR

M. SAINT-MARC GIRARDIN.

ANCIEN DÉPUTÉ

PARIS

MICHEL LEVY FRÈRES, LIBRAIRES-EDITEURS

RUE VIVIENNE, 2 BIS

1860

DÉCRET DU 24 NOVEMBRE 1860

OU

DE LA RÉFORME

DE LA CONSTITUTION DE 1852

Le décret du 24 novembre 1860 nous ramène au gouvernement parlementaire dans les limites de la Constitution de 1852. Je veux examiner brièvement quels doivent être les conséquences et les effets de ce retour, quel usage les grands corps de l'État, le Sénat et le Corps législatif peuvent faire des prérogatives qui leur sont rendues, comment, selon la pratique qui en sera faite, ces prérogatives seront utiles ou insignifiantes ; je veux enfin indiquer l'influence que la réforme du 24 novembre 1860 peut avoir sur notre politique extérieure.

I

Et d'abord personne ne s'étonnera que nous nous félicitions du retour qui se fait au gouvernement parlementaire. Nous souhaitions ce retour ; et nous étions même persuadé qu'il se ferait tôt ou tard par la force des choses et l'expérience du temps. Quand nous voyions quelques amis maladroits du gouvernement impérial traiter avec un dédain qui n'avait ni prévoyance ni décence les hommes et les choses de notre ancien gouvernement parlementaire, nous ne nous disions pas : Voilà des gens qui insultent ce que quelques-uns d'entre eux ont approuvé ; c'eût été là de la colère, quoique c'eût été aussi de la justice ; nous nous disions seulement avec la plus imperturbable confiance : Voilà des gens qui se préparent pour l'avenir de pénibles déboires et de désagréables contradictions ; car il viendra un jour où l'Empereur reprendra nécessairement quelques-unes des pratiques du gouvernement parlementaire, et ce jour-là, il leur faudra une fois de plus louer ce qu'ils avaient blâmé, et blâmer ce qu'ils avaient loué. Je ne pensais pas que ce jour viendrait si tôt ; mais je ne puis pas, je l'avoue, savoir mauvais gré à l'Empereur d'avoir avancé de quelques mois le certificat d'utilité et de dignité politique que le temps devait donner aux règles principales du gouvernement parlementaire et à la plus importante de toutes, à celle que signale avec beaucoup de force le considérant du décret du 24 novembre 1860, c'est-à-dire à la participation directe des grands corps de l'État à la politique générale du gouvernement.

uand on est sûr d'avoir raison, on n'est point pressé d'en obtenir l'aveu, mais on n'est pas fâché si cet aveu vient plus tôt que plus tard. Depuis bien longtemps nos vieilles convictions n'éprouvaient que des échecs. Cela ne les ébranlait pas ; mais cela les attristait. Voilà la première bonne fortune qu'elles rencontrent. Ce n'est que sur un point, il est vrai ; mais cela les ranime et les encourage sur tous les autres.

D'où vient, me dira-t-on peut-être, que vous aviez cette imperturbable confiance dans le retour du gouvernement parlementaire ? Voici d'où venait ma confiance : la Constitution de 1852 laissait subsister la délibération des grands corps de l'État ; elle limitait, il est vrai, cette délibération par je ne sais combien de restrictions ; mais enfin le Sénat et le Corps législatif délibéraient ; ils votaient les lois. Ils les votaient, je le sais, sans pouvoir les amender, ce qui vient heureusement de changer ; de même que les députés votent encore le budget sans spécialité ; ce qui est un inconvénient. Toutefois le principe de la délibération parlementaire subsistait dans la constitution de 1852. Or il est de la nature de ce principe de périr vite, ou, s'il vit, de reprendre peu à peu par la vitalité qui lui est propre les garanties nécessaires à son existence. Nous avouons franchement qu'après 1852 nous avons craint pendant quelque temps que le principe de la délibération parlementaire ne dût périr. Ce qui nous le faisait craindre surtout, c'était l'indifférence publique ; la France paraissait s'inquiéter fort peu des délibérations du Sénat et du Corps législatif. Depuis deux ans à peu près nos craintes se sont dissipées et nous avons commencé à croire que, puisque la constitution de 1852 ne tournait pas à l'anéantissement du principe de la délibération, comme sous le premier empire, elle reviendrait peu à peu aux formes principales du régime parlementaire.

Il y a deux choses surtout qui nous rassuraient : 1° la pensée de l'Empereur ; 2° la pensée du Corps législatif.

Il était évident que l'Empereur ne prenait pas seulement au sérieux l'exercice de son pouvoir, mais qu'il prenait aussi au sérieux la pratique de sa Constitution. C'était là une grande et heureuse différence avec le premier empire. Napoléon Ier ne prenait au sérieux en France que son propre pouvoir qu'il avait fait et surtout qu'il rendait chaque jour plus illimité. Il ne s'inquiétait point de la dignité des corps qu'il avait créés ; ils n'avaient place que dans les cérémonies de l'Empire, ils n'avaient plus de part au gouvernement, sinon le Sénat par sa servilité ; le Sénat dont Napoléon disait si justement, dans sa proclamation de Fontainebleau du 5 avril 1814 : « Un signe était un ordre pour le Sénat, qui toujours faisait plus qu'on ne désirait de lui. » J'ai toujours aimé à signaler les différences qui séparent le second Empire du premier, et je suis persuadé, contrairement à l'opinion commune, que l'Empire de 1852 vit par ses différences avec l'Empire de

1805, au lieu de vivre par ses ressemblances. Le premier Empire est un grand souvenir et un mauvais exemple. Il a beaucoup servi à l'Empereur Napoléon III d'être le neveu de l'Empereur Napoléon Ier : il lui sert encore plus de n'être pas son disciple.

Il est, par exemple, impossible de l'être moins que dans le décret du 24 novembre 1860, qui rend aux corps de l'État la participation directe qu'ils doivent avoir à la politique générale du gouvernement. L'Empereur a senti que, puisque sa Constitution admettait la délibération, il valait mieux l'avoir pleine et entière que de l'avoir incomplète et timide ; il a donc donné à la partie délibérative de sa Constitution les développements qu'elle comportait.

Si j'étais rassuré par la pensée qu'avait visiblement l'Empereur de prendre au sérieux toutes les parties de sa Constitution et non pas seulement celles qui étaient favorables à son pouvoir, je ne l'étais pas moins par la pensée du Corps législatif : il était visible depuis deux ans que ce corps ne tournait pas vers le néant, qu'il aimait à vivre ; qu'il aimait la discussion, qui fait vivre les Corps délibérants, qu'il cherchait à la placer tant bien que mal dans le cercle étroit de la Constitution de 1852, qu'il prenait aussi cette Constitution au sérieux, qu'il voulait enfin la pratiquer et la développer par ses efforts. En France, l'insignifiance nous répugne. Nous consentons volontiers à ne rien faire ; mais nous ne consentons guère à faire quelque chose qui ne serve à rien et qui ne soit rien. Il faut nous occuper : il faut surtout que nous nous croyions occupés. Le Corps législatif depuis deux ans et le Sénat lui-même depuis un an voulaient évidemment être et paraître occupés. Le Sénat avait obtenu que ses discussions fussent publiées. On a beaucoup dit que la première fois cette publicité l'avait surpris ; la seconde fois elle lui avait plu. La première publicité était peut-être un service qu'il avait rendu sans le savoir ; mais, en continuant, cette publicité était devenue un droit que consacre aujourd'hui le décret du 24 novembre 1860. Les séances du Corps législatif étaient devenues aussi plus importantes. Les députés priaient les commissaires du gouvernement de faire connaître les intentions de l'Empereur sur des questions de politique extérieure. La discussion parlementaire arrivait peu à peu, par voie détournée, avec peine, avec effort ; et un jour elle serait entrée par la fenêtre peut-être. L'Empereur lui a hardiment ouvert la porte ; il a bien fait. Comparez cette conduite avec celle de l'Empereur Napoléon Ier, quand, en 1813, il se décida à communiquer au Corps législatif les négociations ouvertes avec l'Europe coalisée ; quelles réticences ! quelles dissimulations ! quels embarras ! Certes les circonstances ne se ressemblent pas ; mais les conduites se ressemblent encore moins que les circonstances.

La réforme de la constitution de 1852 nous paraît

donc bonne, tout incomplète qu'elle est : d'abord elle
est opportune. Il était étrange que la France parût
partout en Europe favoriser la cause de la liberté, et
qu'elle l'oubliât chez elle. Il y avait là un contre-
sens dont il fallait diminuer au moins la singularité,
si l'on ne voulait pas tout à coup le corriger. La première condition d'un peuple qui veut être libéral au
dehors, c'est d'être un peu libre chez soi. J'avoue en
outre que j'aime que la constitution d'un grand État
comme la France se réforme de temps en temps. Je
suis de ceux qui, avant 1848, à tort ou à raison, sou-
haitaient que la loi électorale fût réformée, le cens
électoral notablement abaissé, les capacités investies
du droit de voter. Certes cela n'aurait pas créé l'âge
d'or, mais cela aurait coupé la fièvre. Les réformes
constitutionnelles ont ce grand avantage de mettre de
nouvelles idées et de nouveaux hommes en action ;
elles donnent une secousse pour empêcher une chute.
Je me hâte de dire que la réforme de la constitution
de 1852 n'avait point à couper de fièvre : il n'y avait
point de fièvre politique dans le pays, elle avait à
prévenir d'autres maux. Elle avait à empêcher les
effets de cette abdication insouciante de lui-même
que le pays semblait faire et que, dans un jour de
mauvaise humeur, il aurait attribuée à la constitution de 1852. La France avait d'abord voulu se reposer ; puis du repos, elle aurait passé à l'isolement,
puis de l'isolement à la bouderie. Le décret a voulu

la tirer de ce vide mou et bientôt mécontent. Ce vide de l'opinion publique avait d'abord paru un avantage à quelques amis frivoles du gouvernement impérial. Il serait devenu plus tard un inconvénient ; le gouvernement n'aurait pas rencontré d'obstacles, mais il n'aurait pas rencontré non plus de point d'appui ; il se serait isolé par l'affaissement universel. Le moment était arrivé où, le repos tournant à l'atonie, le gouvernement impérial a reconnu qu'il fallait donner à l'opinion publique des excitants plutôt que des calmants. Les vieilles maladies de 1847 et de 1848, l'esprit de parti, de faction, de désordre et d'anarchie étaient morts, grâce à Dieu. Mais encore quelque temps, et il était à craindre que le malade ne mourût presque avec la maladie. C'est à cet affaiblissement de l'opinion publique que la réforme de 1860 est venue remédier.

Nous avons voulu expliquer en commençant pourquoi nous approuvions l'intention de la réforme de 1860 : elle justifie le passé du parti parlementaire ; elle ouvre un avenir au jeune parti libéral. Examinons maintenant la nature de cette réforme, ce qu'elle fait et ce qu'elle ne fait pas, ce qu'elle commence et ce qu'elle laisse à achever. La discussion de l'adresse, la création des ministres sans portefeuille, le droit d'amendement, la publication des séances du Sénat et du Corps législatif, tels sont les quatre points importants de la réforme nouvelle.

II

Comme tout passe vite en France, on ne s'est peut-
être pas souvenu qu'au temps du régime parlementaire, les plus sincères amis de ce régime ne regar-
daient pas la discussion de l'adresse comme une
des prérogatives les plus importantes des deux
chambres. Ce tournoi oratoire qui commençait chaque session ne leur semblait pas très-nécessaire : ils
préféraient de beaucoup le droit d'interpellation que
les chambres avaient acquis, qui n'était écrit dans
aucune loi, mais que la pratique du gouvernement
parlementaire rend inévitable. La discussion de
l'adresse servait, dira-t-on, à prouver que le minis-
tère avait ou n'avait pas la majorité. — Oui ; mais la
première question venue avait le même effet. Beaucoup de députés trouvaient donc que la discussion de
l'adresse avait quelque chose de général et d'acadé-
mique ; ils visaient à simplifier cette préface des
sessions plutôt qu'à l'étendre. Qu'on ne se soit pas
souvenu des scrupules et des doutes que les amis du
gouvernement parlementaire avaient sur l'utilité de
la discussion de l'adresse, je n'en suis pas étonné.
Je m'étonne un peu plus qu'on n'ait pas gardé meilleure note des censures et des railleries que les défen-
seurs à outrance de la constitution de 1852, faisaient
tout naguère encore de nos vieilles adresses parle-

mentaires; mais je me hâte de dire que je m'applaudis fort de tous ces oublis ; car je suis enchanté que le Corps législatif ait recouvré le droit de faire et de discuter une adresse. C'est la participation directe à la politique générale du gouvernement qui lui est rendue ; c'est le droit de discuter toutes les affaires du pays qu'il reprend après un entre-acte de huit ans. Que nous importe que ce droit de discussion rentre par une porte ou par une autre, pourvu qu'il rentre? La porte qui s'ouvre est cérémonieuse, dit-on : pour moi, cela veut dire qu'elle est large. — Mais les longs discours, les longues harangues, les grands orateurs ? — Tout cela vaut mieux que le silence ; et tout cela du reste se corrigera bien vite par l'impatience des auditeurs. A côté du droit de parler qui appartient au député, il y a le droit de n'être pas ennuyé qui appartient à ses collègues. Ces deux droits se limitent l'un par l'autre. — Après le jeûne, dites-vous, nous allons tomber dans l'indigestion. — Cela dépend de l'usage que le Corps législatif fera du droit de discussion qui lui est rendu : il ne pouvait, d'après la constitution de 1852, discuter légalement ni sur la paix, ni sur la la guerre, ni sur les alliances de la France, ni sur les actes de l'administration, ni sur les préfets, ni sur les élections : il va pouvoir, d'après le décret du 24 novembre 1860, discuter toutes les questions « de la politique intérieure et extérieure de l'empire, » sans exception, sans réserve. Mais qui peut croire

que le Corps législatif va se servir de ce droit pour
tout mettre en question? Vous craignez ses témé-
rités : je craindrais plutôt ses scrupules. Il y a dans
la politique extérieure du pays bien des questions
engagées : le Corps législatif voudra-t-il se prononcer
sur ces questions? le pourra-t-il? Il y a une chose au
moins qu'il pourra et qu'il voudra, nous l'espérons :
c'est de demander que la lumière se fasse et que le
gouvernement explique sa politique en Italie.

Si nous osions rassurer d'avance le Corps législatif
contre la crainte qu'il aurait de trop faire et de trop
dire, nous lui citerions l'histoire des deux ou trois
premières sessions de la Chambre des députés après
1830. La question de paix et de guerre s'y est engagée
résolûment, et personne n'a craint de risquer sa responsabilité dans la question, ni ministre ni député :
tout s'est dit et contredit. Le gouvernement a déclaré très-hautement jusqu'où il voulait aller, et où il
voulait s'arrêter. Les chambres l'ont appuyé dans sa
marche et dans sa résistance : et les plus conserva-
teurs, les plus pacifiques se sont trouvés à ce moment être les plus hardis et ceux qui ont le moins
hésité à risquer la guerre pour avoir la paix hono-
rable, la seule que veuille toujours la France. C'est
M. Périer qui a mis en demeure l'Europe par la prise
d'Anvers et par l'occupation d'Ancône; c'est en 1832
que la France pour la première fois depuis 1814 a
étendu son bras en Italie.

Quand je cite au Corps législatif de 1861 l'histoire de la Chambre des députés de 1831 et de 1832, je m'attends à une objection fort grave : il y avait, selon la Charte de 1830, des ministres responsables ; il n'y en a pas dans la constitution de 1852. Selon cette constitution les ministres ne sont responsables qu'à l'empereur seul qui est lui-même responsable devant le peuple ; d'où il suit qu'en 1830, quand les députés discutaient la politique du gouvernement, ils discutaient seulement les ministres, au lieu qu'en 1861, en discutant la politique du gouvernement, ils discutent l'empereur.

Je dirai franchement mon avis sur cette question : oui, il y a là une difficulté pour la discussion ; mais il n'y a pas autre chose : il y a une forme cérémonielle à trouver, et elle se trouvera ; mais il n'y a pas à rétablir les deux fictions constitutionnelles de l'irresponsabilité royale et de la responsabilité ministérielle. Ces deux fictions sont tombées deux fois au choc des révolutions ; et je ne crois pas qu'il soit bien profitable de les remettre debout. La rhétorique parlementaire trouvera le moyen de pratiquer respectueusement l'article de la constitution de 1852, qui a voulu que l'empereur fût responsable et par conséquent discutable.

A qui a servi l'irresponsabilité royale ? Elle n'a servi ni au roi Charles X ni au roi Louis-Philippe. La France a l'instinct tellement monarchique, que, lors même

qu'elle fait une révolution, elle la fait monarchique-
ment, c'est-à-dire qu'elle s'en prend au chef de l'État,
quoiqu'elle l'ait déclaré irresponsable. En se faisant
responsable, l'empereur n'a donc fait qu'ériger le
fait en droit. Il en est de même de la responsabilité
ministérielle. Les ministres sont responsables ; cela
veut dire seulement que, lorsqu'ils perdent la majorité
dans les chambres, ils cessent d'être ministres ; cela
veut dire aussi que leur emploi les oblige de répondre
aux interpellations des chambres. Voilà ce que veut
dire en fait la responsabilité des ministres. Hors de là,
et si vous prenez le sens judiciaire du mot, la responsabilité ministérielle n'est point applicable. Elle a été
appliquée une seule fois : les ministres du roi Charles X
ont été punis pour la révolution que le roi avait faite
et a voulu faire ; de telle sorte que ce jour-là, les deux
fictions constitutionnelles, l'irresponsabilité royale et
la responsabilité ministérielle, ont failli également
dans leur application et dans leur inapplication ; l'irresponsabilité royale n'a pas été appliquée : la loi
voulait qu'elle le fût ; et la responsabilité ministérielle
a été appliquée ; la justice aurait voulu qu'elle ne le
fût pas.

Je ne regrette pas la responsabilité ministérielle ; je
regrettais beaucoup que les ministres ne parussent pas
dans les chambres et ne fussent pas en rapport perpé-
tuel avec le Corps législatif. Le gouvernement rentre
dans les chambres par l'institution des ministres sans

portefeuille. Si j'étais du nombre des personnes qui craignent toujours ce qui les surprend, je serais disposé à craindre que l'institution des ministres sans portefeuille ne fît trop rentrer le gouvernement dans la chambre. Mais deux choses me rassurent : la première, c'est que le gouvernement ne peut rentrer dans le Corps législatif que si le Corps législatif s'y prête. Or je suis persuadé que le Corps législatif sera plutôt méticuleux qu'ambitieux. Ce sera un parlement qui craindra toujours d'être trop parlementaire et qui fera toutes ses conquêtes malgré lui, excepté peut-être dans le cercle des finances, où il voudra avoir plus de liberté de discussion et de délibération. La seconde chose qui me rassure, est qu'au mal que je crains, c'est-à-dire au parlementarisme exagéré des ministres sans portefeuille, le remède est toujours tout prêt ; c'est de donner un portefeuille à ces ministres et de les laisser à la chambre avec leur portefeuille, ou bien, ce qui est aussi simple, de laisser entrer dans la chambre les ministres à portefeuille. Je ne crois pas que la distinction entre les ministres sans portefeuille et les ministres avec portefeuille puisse longtemps durer. C'est une transition ; ce n'est pas une institution. Faire agir les uns et faire parler les autres ; donner à ceux-ci les gestes, à ceux-là les paroles ; aux uns les œuvres, aux autres les discours ; grande difficulté d'exécution. C'est ce qui se fait tous les jours au barreau : oui ; mais l'avocat peut refuser le dossier du client, s'il trouve sa cause mauvaise. Le ministre sans portefeuille pourra-t-il refuser le dossier du ministre à portefeuille ? Quel véto ! on ne peut pas se dissimuler que la vie ministérielle va devenir un peu moins douce qu'elle ne l'était depuis huit ans ; avec les désagréments viendront les mécontentements ; il arrivera quelquefois que le ministre à portefeuille se trouvera mal défendu et que le ministre sans portefeuille se plaindra de la cause qu'on lui a donnée à défendre ; l'un dira : Si j'étais le ministre agissant, j'aurais mieux agi ; l'autre dira : Si j'étais l'orateur, j'aurais mieux parlé. L'administrateur et l'orateur n'auront pas d'ailleurs le même point de vue : l'administrateur verra une mesure à faire réussir ; l'orateur, une cause à défendre ; l'un aura sa force dans l'administration ; l'autre, dans le Corps législatif ; mais, je le répète, si le mal à craindre est que les ministres sans portefeuille ne soient involontairement trop parlementaires, le remède est facile ; c'est de les faire ministres à portefeuille et de revenir sur ce point, comme sur les autres, au vieux régime parlementaire.

Ne nous préoccupons donc pas plus qu'il ne faut de la difficulté de faire faire bon ménage aux ministres sans portefeuille avec les ministres à portefeuille. Ce sont, après tout, des difficultés d'intérieur qui ne regardent pas le pays. L'important pour le pays, c'est qu'à l'aide des ministres sans portefeuille, le Sénat et le Corps législatif vont avoir une participation plus directe à la politique intérieure et extérieure du pays. Voilà le point capital; tout le reste est secondaire.

Je ne dirai rien du mode d'amendement, sinon qu'il est rendu aussi au Corps législatif sous sa forme primitive. Le droit d'amendement ne sera exercé, il est vrai, que dans la discussion sommaire des lois présentées. Il y aura en effet maintenant deux espèces de discussions : une discussion préliminaire et une discussion définitive. Les députés ne pourront-ils amender les lois que dans la première? S'ils veulent dans la seconde discussion présenter des amendements, ces amendements devront-ils être renvoyés à la commission et de là au Conseil d'État, si la commission les adopte? Nous ne cherchons pas à déterminer exactement quelle est la modification que l'art. 3 du décret du 24 novembre 1860 apporte à l'exercice du droit d'amendement. Nous voyons seulement que cet article 3 a pour but «de faciliter au Corps législatif l'expression de son opinion dans la confection des lois. »

III

J'ai hâte d'arriver à l'article qui règle les rapports du Sénat et du Corps législatif avec la publicité quotidienne. Les modifications que le décret du 24 novembre 1860 fait à l'état actuel des choses sont peu importantes. On sait quel est cet état. Les journaux ne peuvent pas reproduire les discussions du corps législatif comme ils faisaient autrefois pour les deux chambres. Ils reçoivent seulement une indication sommaire des faits de chaque séance, et ils peuvent publier immédiatement cette indication. Ils reçoivent plus tard un compte rendu des séances, rédigé par les secrétaires rédacteurs de la chambre, et ils peuvent publier ce compte rendu; mais il faut qu'ils le publient tout entier; ils n'en peuvent rien extraire, ils n'en peuvent rien retrancher. Tout ou rien. Ce régime assurément n'est pas favorable aux journaux; mais il n'est pas plus favorable à la publicité des séances du Corps législatif, et par conséquent à l'intérêt que le pays doit prendre aux délibérations des grands corps de l'État. Avec ce régime, le silence et le vide se faisaient peu à peu autour du Sénat et du Corps législatif. Aidées par les circonstances, ces deux assemblées ont essayé de sortir de ce vide mortel. Le décret du 24 novembre 1860 veut sur ce point seconder leurs efforts. « Les comptes rendus des séances du Sénat et du Corps législatif, rédigés par des secrétaires-rédacteurs placés sous l'autorité du président de chaque assemblée, sont adressés chaque soir à tous les journaux. En outre, les débats de chaque séance sont reproduits par la sténographie et insérés *in extenso* dans le journal officiel du lendemain. » (Art. 4.)

Où est l'amélioration dans cet article? où restent la lacune et la difficulté?

Les journaux n'ont pas plus le droit qu'ils ne l'avaient jusqu'ici de publier les séances des corps délibérants. Ils restent privés de la faculté qu'ils avaient, avant 1852, d'avoir des rédacteurs et des sténographes qui assistaient aux débats des chambres et qui en rendaient compte : ils continuent à payer la faute de leur partialité et de leur inexactitude. Peut-être, quand la discussion de l'adresse est déclarée innocente de tous les torts qu'on lui imputait, aurait-on pu étendre l'amnistie jusqu'à la presse. Mais il n'y a que le régime parlementaire qui soit absous ou gracié. La presse reste condamnée : soit! les journaux recevront tous les soirs le compte rendu des séances du Sénat et du Corps législatif; ils le recevront, je le suppose, assez à temps pour pouvoir le publier dans la feuille du lendemain. Mais ce compte rendu, pourront-ils l'abréger ? pourront-ils en extraire ce qui leur paraîtra intéressant et retrancher ce qui leur paraîtra inutile ou fastidieux ? Le Corps législatif doit ressembler aux anciennes chambres : il n'écoute pas tout ce qu'on lui dit ; l'inattention le sauve de l'ennui. Le journal sera-t-il forcé de publier ce que le Corps législatif n'aura pas écouté ? Un journal vit sous la condition impérieuse de ne pas ennuyer son public : sera-t-il obligé de l'ennuyer en publiant tout le compte rendu, ou, s'il n'en publie rien, de ne pas instruire ses lecteurs de ce qui se fait dans les chambres ?

Les journaux avaient autrefois le droit de discuter

les débats des chambres : ils se sont interdit ce droit
par prudence et craignant, s'ils en usaient, d'en-
freindre l'article qui leur défend de rendre compte des
débats du Corps législatif. Je crois qu'ils ont poussé
la prudence trop loin; mais je ne vois rien dans le
décret du 24 novembre 1860 qui les encourage à être
plus hardis. Le décret a voulu établir une communi-
cation plus rapide et plus large entre le pays et les
corps de l'État ; il a donné au Sénat et au Corps législatif des moyens de publicité qu'ils n'avaient pas.
Mais il faut savoir que l'impression n'équivaut pas
toujours à la publicité ; et, en ne voulant rien faire
pour la presse, la réforme de 1860 a fait beaucoup
moins qu'elle ne le croit pour la publicité des délibérations parlementaires.

J'arrive ici à un point fort délicat. Je le traiterai
avec une entière franchise.

J'ai reconnu que la réforme de 1860 était très-par-
lementaire; et je m'en suis sincèrement réjoui, puisque
je crois que le régime parlementaire convient, quoi
qu'on en ait dit, à notre pays. Mais je ne peux pas ca-
cher que ma joie a été mêlée d'un peu de surprise.
J'étais disposé à croire, d'après le langage de quelques amis particuliers du gouvernement impérial, que
s'il se faisait un jour une réforme de la constitution
de 1852, cette réforme aurait plutôt un caractère démocratique et populaire qu'un caractère parlementaire. Entendons-nous bien : à mes yeux, tout ce qui

est parlementaire est essentiellement démocratique et populaire. Le gouvernement parlementaire est pour moi la bonne démocratie ; et c'est pour cela que je l'aime. Mais j'avais entendu dire tant de choses contre le gouvernement parlementaire, que je ne prévoyais point que la première réforme de la constitution de 1852 aurait pour objet de reprendre les formes et les pratiques de ce gouvernement. Je pensais à des réformes qui s'adresseraient aux masses, qui ajouteraient encore à la puissance du suffrage universel, qui multiplieraient les occasions de plébiscites, qui rendraient les élections plus fréquentes, qui peut-être dissoudraient le Corps législatif actuel, pour en avoir un élu dans un nouvel esprit. Je n'avais pas assurément une idée bien nette de ce qui pouvait se faire ou se tenter de ce côté ; mais je réglais mes conjectures sur les paroles que je lisais. Je n'ai jamais beaucoup cru, par exemple, aux concessions que devait, disait-on, obtenir la presse ; cependant, il y avait aussi des jours où je me disais que le suffrage universel n'avait pas à désirer plus de puissance, mais seulement plus de lumière ; et que la liberté de la presse étant un des moyens d'éclairer le suffrage universel, il serait possible que le gouvernement, par amour pour ce suffrage, fît quelque chose pour la presse. Il n'y a rien pour la presse dans la réforme du 24 novembre 1860 : elle n'y gagne rien que d'être plus près de la liberté d'autrui, grâce aux prérogatives rendues aux grands corps de l'État. Ce voisinage de la liberté ne vaut pas pour la presse la liberté elle-même ; mais cependant, il vaut quelque chose à mes yeux.

Quoi qu'il en soit, si je voulais définir le caractère de la nouvelle réforme, je dirais qu'elle est plutôt parlementaire que démocratique. Elle donne beaucoup au Sénat et au Corps législatif ; elle ne donne rien à la presse ; rien au suffrage universel, qui, il est vrai, a presque tout ; rien à la liberté des élections. Je sais bien que quelques personnes croiront, qu'en disant que la réforme est plutôt parlementaire que démocratique, je risque de discréditer la nouvelle réforme. Ce n'est pas assurément mon intention. Donner plus de pouvoir aux corps délibérants, quand ces corps sont électifs ou inamovibles, c'est ajouter à la force de l'aristocratie naturelle, la seule qui soit bonne, parce qu'elle vient de la valeur propre des personnes, la seule qui soit possible en France de nos jours. Or, cette aristocratie naturelle, qui sort de la démocratie et qui y rentre sans cesse, est le signe le plus certain de la force et de la puissance de la démocratie. Qu'est-ce que serait une démocratie qui ne produirait pas d'élus, où personne ne s'élèverait, où personne ne s'illustrerait, où il ne se ferait point de noms ? Ce serait une foule nivelée par sa propre impuissance. N'ayons pas peur des mots ; disons hardiment que la réforme de 1860 a un caractère parlementaire et aristocratique : en cela elle est bonne, en cela elle sert admirablement la démocratie, parce qu'elle lui procurera des serviteurs intelligents et capables, libres surtout de montrer au grand jour leur intelligence et leur capacité. Elle refera des hommes; aussi bien, j'entendais dire qu'ils commençaient à manquer. Certes, ce n'était point la semence qui manquait; c'était le mode de culture qui était mauvais.

On voit que je n'hésite pas à louer la réforme de 1860 et que c'est fort sincèrement, puisque je la loue dans le sens de mes opinions; mais je n'hésite pas davantage à dire que cette réforme est incomplète, parce qu'elle n'a rien fait pour la liberté de la presse. Il est possible que la presse y gagne à cause des libertés d'alentour; mais elle n'aura pas sa force en elle-même et par la loi seule. Je ne veux pas faire ici l'apologie de la liberté de la presse; je sais que le public et le pouvoir sont en général mal disposés pour elle, et je ne dis pas qu'elle n'ait point mérité un peu sa disgrâce. Je crois cependant que, s'il y a un peuple au monde qui ait besoin de la liberté de la presse, c'est le nôtre. Il en a autant besoin qu'il a besoin de la monarchie. La presse est un pouvoir qui gêne la France quand elle veut se reposer; de là son dépit contre elle et le plaisir qu'elle a à la voir maltraiter. Mais elle y revient, parce que c'est le seul moyen d'empêcher qu'avec nos mœurs faciles l'ordre ne dégénère en abus établis. La France ne maltraite-

t-elle pas souvent aussi la monarchie et ne la brise-
t-elle pas de temps en temps, parce que la France,
quoiqu'elle ait besoin d'ordre, a cependant dans ses
mœurs et dans son caractère quelque chose qui répugne à l'ordre? Je sais qu'il est difficile à la monarchie de supporter la presse et à la presse de supporter la monarchie : encore faut-il cependant qu'elles
aillent ensemble, en grondant l'une contre l'autre,
mais en se tempérant l'une par l'autre. Je ne demande
pas à la monarchie et à la presse de s'aimer ; je leur
demande de se tolérer. Je veux un ménage et non pas
un roman. Qu'on le sache bien, au surplus : l'épreuve
du retour à la monarchie parlementaire ne sera déci-
sive que lorsque la presse aura recouvré sa liberté
légale, c'est-à-dire qu'elle ne dépendra plus que de
la loi et des tribunaux. Jusque-là la réforme de 1860
ne sera qu'une espérance à laquelle nous souhaitons
tous les succès possibles, mais à laquelle aussi man-
quera le succès le plus significatif.

IV

Parmi les succès que je souhaite à la réforme
de 1860 et que j'en attends, je mets la pacification
des esprits en Europe. J'ai toujours eu cette opinion,
singulière peut-être, que la cause principale de la
défiance que l'Europe avait de la France tenait à ce
qu'il n'y avait pas à Paris une véritable tribune par-

lementaire. Les partisans du gouvernement d'avant le décret du 24 novembre 1860 peuvent prendre cette opinion comme un argument en faveur de leur régime préféré ; ils peuvent dire que le chef de l'État a moins de puissance au dehors, quand il fait tout en parlement, que lorsqu'il agit seul, sans contrôle, et lorsque toutes les forces du pays sont réunies dans sa main. Une nation ainsi gouvernée est une armée toute prête à marcher au premier signal, au nord ou au sud, à l'est ou à l'ouest. Point de délibérations, et par conséquent point d'indiscrétions. Si même il y a des hésitations et des incertitudes, comme elles se passent dans une seule tête, il n'en paraît rien : le secret est partout; l'exécution quand elle arrive est soudaine et d'autant plus efficace : voilà les avantages d'un gouvernement anti-parlementaire. Mais qui ne comprend que tous ces avantages sont des dangers pour les voisins et des causes de défiance ? et qui ne comprend aussi que cette défiance universelle est à son tour un grand danger pour le peuple qui l'inspire ? toujours craint et toujours soupçonné, il est toujours sur le point de voir se former contre lui quelque coalition européenne. Son meilleur allié même prend soin de s'armer contre lui ; il prend soin surtout d'avoir tous les ennemis de son allié pour alliés possibles. Les journaux officiels ont toujours dit qu'il ne s'était rien fait ni préparé contre nous à Varsovie et que les souverains du continent ne s'étaient

réunis que pour se serrer la main. Je n'ai cru qu'à moi-
tié à l'innocence de ces serrements de main. Quand
les princes se serrent la main, c'est toujours contre
quelqu'un et contre quelque chose. Je ne crois plus
du tout à cette insignifiance de la réunion de Varsovie, depuis que je vois le gouvernement français resserrer son alliance avec l'Angleterre, et, par une in-
spiration meilleure encore, resserrer son union avec
les grands corps de l'État.

Si l'empire devient au fond plus fort en cessant
d'être personnel, il devient en même temps moins
formidable et moins offensif pour l'Europe par les
nouvelles formes de gouvernement qu'il adopte. Ce
qui me fait croire que ces nouvelles formes de gouvernement rassureront l'Europe et contribueront à
la pacification des esprits, c'est l'histoire même du
gouvernement parlementaire en France, avant 1848.
Je prends volontiers à témoin tous ceux qui avant
1848 ont voyagé en Europe et particulièrement en
Allemagne. L'influence morale de la France y était
très-grande ; les vieilles haines patriotiques contre
nous s'étaient effacées. Personne ne se défiait de
notre ambition, et tout le monde espérait que l'ascendant de notre exemple propagerait partout en
Europe les idées de liberté constitutionnelle. Prenez
en effet les deux dernières années de la monarchie
de 1830 ; vous voyez partout se répandre autour de
nous les idées et les formes du libéralisme parlemen-

taire : la résurrection libérale de l'Italie, la création
des deux chambres prussiennes datent de cette épo-
que. L'Europe savait que rien ne pouvait se faire en
France à l'improviste, sans délibérations, sans forma-
lités légales : premier motif de confiance. Elle savait
aussi qu'occupés du soin de notre liberté et de nos
affaires intérieures, nos pensées et nos désirs n'étaient
pas tournés vers le dehors : second motif de confiance.
Le changement qui s'est fait en 1852 lui a enlevé ces
motifs de confiance, sans qu'elle le sût et sans qu'elle
le crût ; on se souvient même que le coup d'État du
2 décembre 1851 fut très-bien accueilli dans toute
l'Europe continentale. Les princes alors craignaient
surtout la révolution, et ils ne pensaient pas que la
révolution pût jamais prendre la forme de la guerre.

En restaurant chez nous les formes du gouvernement parlementaire, le décret du 24 novembre 1860
ramène l'Europe aux temps où elle n'avait à craindre
ni notre anarchie ni notre ambition. Il lui rendra,
nous l'espérons, la sécurité ; et la France alors
pourra exercer plus librement son ascendant moral
en Europe. J'aurais grand tort de dire que la France
n'a pas aujourd'hui même un grand ascendant moral
en Europe ; mais cet ascendant est contre-balancé par
la défiance. Il y a même ceci d'important à remar-
quer : notre ascendant moral est d'autant plus grand
qu'il s'exerce plus loin : il est grand en Orient, par
exemple, grand sur les bords du Danube ; il est mé-

diocre sur nos frontières ; ou plutôt là, il est remplacé par la défiance, de telle sorte que pour arriver à ceux qui nous appellent, il faut traverser le cercle de ceux qui nous repoussent, et que nous ne pouvons agir sur nos clients lointains qu'à travers une masse de défiances limitrophes.

C'est cette masse de glaces que nous devons tâcher de fondre. Y réussirons-nous ? Cela dépend de la manière dont nous pratiquerons le nouveau régime que nous allons avoir ; cela dépend du Gouvernement, du Sénat, du Corps législatif. Si tout le monde s'emploie à pratiquer fidèlement le décret du 24 novembre 1860, si la réforme se consolide en se développant, si l'esprit de l'ancien régime, je veux dire du régime d'avant le décret, ne vient pas contrarier l'esprit de la réforme, si l'Empereur obtient de ses ministres et de ses administrateurs ce qu'il a voulu et ce qu'il a décrété, s'il les détermine à gouverner et à administrer parlementairement, ce qui veut tout dire, au lieu de gouverner et d'administrer à leur guise et sans contrôle, ce qui était beaucoup plus commode ; si l'Empereur et le pays enfin arrivent à ce but marqué par le décret, alors il y aura vraiment un changement d'esprit et de situation en France et en Europe ; alors nous aurons le bien-être de la liberté en France et de la paix en Europe.

Corbeil, typ. et stér. de Crété.